AMICALE DU CADASTRE

ÉTUDE RELATIVE A LA

RESPONSABILITÉ PÉCUNIAIRE DES GÉOMÈTRES

CONCERNANT LES ERREURS PRÉJUDICIABLES

COMMISES DANS L'ÉXÉCUTION

DE LEURS DIVERS TRAVAUX

SAIGON

IMPRIMERIE DE L'UNION

157, rue Catinat

1914

AMICALE DU CADASTRE

ÉTUDE RELATIVE A LA

RESPONSABILITÉ PÉCUNIAIRE DES GÉOMÈTRES

CONCERNANT LES ERREURS PRÉJUDICIABLES

COMMISES DANS L'ÉXÉCUTION

DE LEURS DIVERS TRAVAUX

SAÏGON

IMPRIMERIE DE L'UNION

157, rue Catinat

1914

AMICALE DU CADASTRE

Responsabilité pécuniaire des Géomètres
concernant les erreurs préjudiciables commises dans l'exécution
de leurs divers travaux.

Un des sujets les plus délicats proposés à l'étude de la
Commission de Réorganisation du Service du Cadastre de Cochinchine fut, sans contredit, celui relatif à la responsabilité
pécuniaire des Géomètres concernant les erreurs préjudiciables
commises dans l'éxécution de leurs travaux.

Dans la solution de cette question, la Commission paraît
avoir eu le tort excessivement grave d'oublier, que les Géomètres du Cadastre de Cochinchine étaient des fonctionnaires ; que
les travaux exécutés par eux étaient, non des travaux exécutés
par des particuliers ou des collectivités privées, mais bien des
travaux exécutés en régie par une Administration publique ; et
que, de ces deux faits, la responsabilité pécuniaire-encourue pour
erreurs commises devait être recherchée non selon les principes
de Droit Civil, mais selon les principes de Droit Administratif.

Cette particularité n'échappa point cependant à un des membres de cette Commission, notre collègue Alinot, qui était en
même temps le réprésentant de l'Amicale. Par une lettre
insérée au présent Bulletin, il tenta de ramener la Commission
à des notions plus équitables et plus juridiques. Mais que pouvait l'argumentation d'un des nôtres devant cette idée préconçue
des administrateurs membres de la Commission, et officiellement exprimée, dans un rapport, au Conseil Supérieur, que pas
un fonctionnaire du Cadastre ne possédait une instruction générale, ni les connaissances administratives lui permettant de diriger
un service aussi important que celui du Cadastre. (*Voir rapports
au Conseil de Gouvernement, Cadastre, session de 1913*).

Et nous avons vu figurer au projet de décret de Réorganisation du Cadastre cet article 14.— qui ne sera probablement
pas accepté et qui, s'il était homologué par surprise, devrait être
immédiatement porté à l'examen du Conseil d'Etat.

Tout récemment, le Chef de Service du Cadastre, partageant

ce que nous considérons comme les errements de la Commission, dans une lettre adressée à un de nos adhérents, s'exprimait en ces termes :

« Le principe doit être bien admis que toute erreur relevée
« sur un plan (*après vérification et acception par le Service du*
« *Cadastre*) doit être réparée par le Géomètre, à ses frais, sauf
« son recours contre les auteurs responsables de ces erreurs s'il
« est prouvé qu'elles ne sont pas de son fait ».

L'Amicale du Cadastre a jugé ce principe injuste et erroné. Injuste, parce qu'il dit que l'erreur commise provient généralement du fait du Géomètre, alors qu'elle a généralement pour cause un auteur différent ; erroné, parce que ce principe est absolument contraire aux règles posées par le Droit Administratif.

Aussi l'Amicale a-t-elle cru devoir faire appel devant M. le Gouverneur de Cochinchine du principe émis par M. le Chef de Service.

Deux études ont été envoyées à M. le Gouverneur à ce sujet. La première, rappelant simplement les principes de Droit Administratif et exposant surtout les arguments de fait. La seconde, présentant le développement des principes juridiques suivant les renseignements puisés chez des jurisconsultes éminents, notamment dans le cours de M. Hauriou, professeur de Droit Administratif, doyen de la faculté de droit de Toulouse.

Le présent Bulletin contient la copie *in extenso* de l'étude présentée par M. Alinot *à la Commission de Réorganisation du Cadastre* et des deux études présentées par l'Amicale à M. le Gouverneur.

Etude faite par l'Amicale du Cadastre au sujet de la responsabilité pécuniaire des Géomètres

Le Comité de l'Amicale du Cadastre, *à Monsieur le Gouverneur de la Cochinchine*,

Saigon, le 14 Avril 1914.

Monsieur le Gouverneur,

Dans sa lettre N° 311 du 13 Mars 1914, adressée à un de nos adhérents, M. le Chef du Service du Cadastre s'exprime en ces termes :

" *Le principe doit être bien admis que toute erreur relevée sur un plan* (après vérification et acceptation par le Service du Cadastre *doit être réparée par le géomètre, à ses frais, sauf son recours contre les auteurs responsables de ces erreurs, s'il est prouvé qu'elles ne sont pas de son fait* ".

Il importe essentiellement, pour préciser la portée de ce principe, de ne pas perdre de vue qu'il s'agit en l'espèce :

1° De plan vérifié et accepté par le Service du Cadastre ;

2° D'erreur relevée après vérification et acceptation lorsque le plan est devenu propriété définitive du Cadastre.

Moins heureux que M. le Chef de Service, la base juridique d'un tel principe nous est inconnue.

Par contre, nous sommes obligés de signaler l'échec de tout essai pour accorder les données exposées par le Chef de Service avec les règles fondamentales posées par le Droit Civil et le Droit Administratif concernant la responsabilité individuelle.

Notre raison se refuse à croire qu'un Géomètre en retraite ou ses petits enfants puissent être légalement poursuivis pour erreur relevée sur un plan, 10 ou 60 ans après sa livraison et acceptation.

L'Amicale du Cadastre a cru pouvoir compter sur votre esprit d'équité, Monsieur le Gouverneur, pour espérer, de votre part, un examen sérieux des considérations juridiques et des considérations de faits qui lui paraissent de nature à infirmer la légitimité du principe posé par le Chef du Service du Cadastre, et qui sont ci-dessous dévoloppées.

alors que l'insuffisance du vérificateur ou l'inattention du Géomètre rendît l'agent fautif pécuniairement et personnellement responsable.

Du reste, tous les auteurs, sans exception, qui se sont particulièrement occupés de cette question de responsabilité pécuniaire, même quand le préjudice peut être aisément constaté, tous ces auteurs, dis-je, ont donné une explication que je m'empresse de reproduire : « La responsabilité pécuniaire ne peut exister qu'en vertu d'un texte législatif formel. Or, ce texte fait défaut, ou tout au moins, s'il existe, est tout à fait circonscrit dans son application. »

Il est aisé de comprendre par là que si le législateur a hésité, c'est en raison de la confusion que présentent les multiples attributions *des fonctionnaires de divers ordres* à distinguer entre leurs actes budgétaires et non budgétaires. N'y aurait-il pas à craindre, disent ces mêmes auteurs, que la menace d'une responsabilité aussi dangereuse ne supprimât toute initiative chez le fonctionnaire ? MM. Marguès di Braga et C. Lyon, dans leur traité des obligations et de la responsabilité des comptables publics (T. III, p. 35), affirment que le principe de la responsabilité pécuniaire marquerait le triomphe de l'esprit de routine, la victoire de la lettre sur l'esprit. Pour être plus concis en ce qui concerne les agents du Cadastre, aucun de ces derniers ne pourra endosser la responsabilité du procès-verbal de bornage que lui impose la circulaire N° 76 du 30 Avril 1908 (2e Bureau du Gouvernement), ni des limites effectives de propriétés à lui indiquées par crainte d'avoir été victime de la mauvaise volonté, voire même de la mauvaise foi des notables et des propriétaires, lesquels encore maintenant dans l'espoir de procès futurs, n'hésitent pas à maquiller l'état-civil de la propriété.

J'ajouterai que tous les textes actuels ne sont formels sur la responsabilité pécuniaire qu'à l'égard des comptables (Lois des 22 Août 1791, 28 Pluviose an III, 12 Vendémiaire an VIII, 13 Frimaire an VIII, 28 Ventose an VIII ; Ordonnances des 14 Septembre 1822 et 10 Mai 1838 ; décret du 31 Mai 1862). Ces textes ne proclament-ils pas par cette restriction même l'irresponsabilité pécuniaire des administrateurs vis-à-vis desquels cependant tous les agents de l'État sont responsables en principe moralement et administrativement des fautes qu'ils commettent dans l'exercice de leurs fonctions, et que quelques-uns seulement, c'est-à-dire ces comptables en matières et en deniers encourent indépendamment de la responsabilité morale et administrative, la responsabilité pécuniaire ?

Encore un exemple emprunté à l'Administration des Douanes. Un vérificateur admet comme exempte une marchandise frappée de droits ou il la taxe à un droit inférieur à celui dont elle est passible : il se place sous le coup de peines disciplinaires qui peuvent être très graves, mais ne peut *être*, en aucun cas, rendu pécuniairement responsable de son erreur. Au contraire, cette dernière sanction sera encourue par un comptable pour des fautes professionnelles lourdes se rattachant uniquement à la non perception de sommes régulièrement liquidées, et ce d'après l'article 320 du décret du 31 Mai 1862 et l'article 14 du réglement sur la comptabilité publique du 31 Mai 1862.

Cette jurisprudence adoptée est, sans nul doute, applicable aux agents du Cadastre, puisque une erreur dans l'état-civil de la propriété, une erreur dans la limite constituent péremptoirement des fautes de service ou professionnelles si l'on veut, mais ces fautes ne peuvent entraîner aucun préjudice pécuniaire à l'égard du Trésor en ce qui concerne la taxe foncière. Donc, indubitablement, il ne peut encourir de responsabilité pécuniaire seul, ainsi que nous l'avons dit plus haut ; l'Etat doit supporter les conséquences de la responsabilité directe en cas de préjudice causé à la propriété. En ce qui concerne les fautes professionnelles commises par un agent du Cadastre, la réglementation actuelle du service n'impose-t-elle pas à l'agent fautif une sanction à la fois disciplinaire et pécuniaire, en mettant ledit agent en demeure d'avoir à refaire à ses frais un plan établi par lui et rejeté par la vérification ; et toujours d'après la réglementation actuelle du service du Cadastre, le vérificateur n'est-il pas rendu pécuniairement responsable des frais occasionnés par la contre-vérification s'il est démontré par cette dernière que le travail a été rejeté à tort.

Dès lors, pourquoi vouloir augmenter une responsabilité déjà établie, admise et suffisamment grave par cet article 14 absolument illégal, article que ne pourra ratifier le Conseil d'Etat en vertu des arrêts récents rendus par lui-même.

La jurisprudence administrative, je le répète, est parfaitement nette à l'égard de la responsabilité pécuniaire et le Conseil d'Etat a formulé à son sujet des avis très catégoriques. Ainsi, un receveur d'enregistrement est responsable pécuniairement d'un débet dans sa comptabilité, mais s'il commet une erreur, s'il cause une perte au Trésor par suite d'une mauvaise liquidation des droits, sa faute n'entraîne qu'une responsabilité morale, et non une responsabilité pécuniaire. De même, un receveur ambulant des contributions indirectes chargé d'un double rôle : I° la recette au domicile des assujettis ; 2° la surveillance des mouvements de boissons, n'est responsable pécuniairement que dans le premier rôle, c'est-à-dire de tout débet dans sa comptabilité. Dans son second rôle, le Ministre ne peut le déclarer responsable pécuniairement, même s'il commet une faute préjudiciable, sauf le cas de collection qui peut entraîner la révocation. Les seules sanctions qui peuvent être appliquées au receveur fautif sont celles prévues par les règlements : déplacement, rétrogradation.

Cet arrêt est, du reste, appliqué actuellement à tous les vérificateurs ou receveurs des Domaines en Indochine.

Comptant sur l'esprit d'équité de la majorité de la Commission de Réorganisation du Cadastre en Cochinchine, j'ose espérer, qu'après avoir examiné en toute conscience le présent rapport, elle voudra faire droit à mes requêtes et conclusions.

Signé : ALINOT,
Membre de la Commission de réforme,
Représentant de l'Amicale du Cadastre.

Je termine en citant la décision du Conseil d'Etat rendue le 16 Novembre 1906 dans l'affaire Gaugain : cette décision exonère de toute responsabilité pécuniaire le receveur principal des Contributions indirectes qui, ayant accepté une caution dont il n'avait pas constaté l'insolvabilité par suite de l'insuffisance des renseignements demandés sur son compte, avait empêché le recouvrement d'une créance de l'Etat.

De ce qui précède, pourquoi vouloir enlever à l'Agent du Cadastre le bénéfice d'une jurisprudence admise déjà dans l'Administration des Douanes et des Finances ? L'agent du Cadastre est responsable pécuniairement de la valeur technique de son plan, c'est-à-dire qu'il devra le refaire à ses frais en cas de rejet, mais il ne peut, en aucun cas, être rendu pécuniairement responsable des fautes préjudiciables à l'égard des tiers. C'est pourquoi je sollicite la radiation pure et simple de l'art. 14 (18 nouveau) du projet de décret portant Réorganisation du Service du Cadastre en Cochinchine.

Signé : ALINOT.

Etude faite par M. Alinot au sujet de la responsabilité pécuniaire des Géomètres.

M. AJINOT, Géomètre principal, *à Monsieur le Président de la Commission de Réorganisation du Service du Cadastre de la Cochinchine*,

En droit financier, les fonctionnaires publics encourent deux sortes de responsabilité : l'une administrative ou morale les exposant à des mesures disciplinaires allant du simple blâme à la révocation ; l'autre, comptable ou pécuniaire, les obligeant à effectuer de leurs deniers personnels un versement dans les caisses du Trésor et entraînant une mainmise de l'Etat sur leur cautionnement et leur patrimoine.

Quant à la responsabilité engendrée vis-à-vis des tiers par la faute professionnelle du fonctionnaire, les règles du Contentieux administratif distinguent entre l'acte administratif proprement dit et le fait personnel du fonctionnäire. A ce sujet, le traité de juridiction administrative de Lafferrière dit (T. XI, p. 189): « L'agent est personnellement responsable devant les tribunaux judiciäires, et il est de principe que l'Etat ne répond pas de lui. Au contraire, les fautes de service sont censées commises par l'Etat lui-même, comme conséquence d'une organisation défectueuse de ses services, d'une insuffisance dans ses moyens d'action et de surveillance. La responsabilité de l'Etat n'est pas alors la responsabilité pour autrui prévue par l'art. 1384 du Code, mais la responsabilité directe. Le service public est l'unique auteur de la faute et c'est alors l'Etat qui indemnise ».

Un exemple emprunté à l'Administration des Douanes vient à l'appui de cette thèse : Les intérêts du Trésor peuvent être lésés par la négligence d'un vérificateur, par l'insuffisance d'un agent de contrôe, par l'inattention d'un préposé ; seul l'agent fautif encourt une responsabilité purement et simplement administrative ou morale.

Cet exemp'e peut et doit être même appliqué aux agents du Cadastre, puisque le Conservateur de la propriété foncière en Cochinchine ou son délégué, en l'occurence, l'Administrateur Chef de province, ne peut être rendu pécuniairement responsable d'une négligence dans la tenue des registres fonciers, et ce d'après les textes que nous citons plus loin. Il paraîtrait injuste

I. — Droit Civil.

C'est la règle contenue dans l'article 1.382 qui a paru s'appliquer en la matière :

« *Tout fait quelconque de l'homme qui cause à outrui un dommage, oblige celui par la faute duquel il est arrivé à le réparer* ». Et la Cour de Cassation, (3 Juillet 1905, D. 06. 1.318 et 13 Janvier 1908, D. 08.1.124) précise qu'il faut que le préjudice soit le résultat d'une *faute commise par celui qui en est l'auteur :* qu'il y ait relation de cause à effet.

A cette règle essentielle, nous opposerons la règle énoncée par M. le Chef du Service du Cadastre et qui peut se poser en ces termes :

Géomètre du Cadastre, que vous soyez les auteurs ou non d'un préjudice, et par le fait seul que vous avez travaillé à la rédaction des documents qui contiennent l'erreur qui l'a causé, réparez d'abord à vos frais. Puis si le cœur vous en dit, si vos moyens vous le permettent, si enfin vous ne craignez pas de vous engager dans une affaire judiciaire ou administrative, vous pourrez, à votre tour, poursuivre les auteurs responsables.

Nous nous abstiendrons de qualifier la règle posée par M. le Chef de Service, et nous vous demanderons simplement, Monsieur le Gouverneur, de vouloir bien faire rechercher si ce n'est pas là dépasser quelque peu les limites du pouvoir hiérarchique et disciplinaire ; de vouloir bien examiner s'il est *légalement* permis à un Chef de Service de requérir les deniers personnels de ses agents, pour la réparation de fautes dont, au préalable, il n'aurait pas été prouvé qu'ils en étaient les vrais auteurs.

II. — Droit Administratif.

Le droit administratif distingue trois sortes de fautes pouvant être commises par ses agents :

1º *La faute de service*, c'est-à-dire (et nous citons textuellement les termes des maîtres en la matière) : *les négligences, les omissions, les erreurs, les maladresses que l'agent aurait évitées s'il s'était conformé à la diligence moyenne du service et qui, en même temps, ne dénote pas, de sa part, un fait personnel* ;

2º *La faute personnelle* qui découle d'un fait personnel, " *faute lourde qui confine au dol, consistant en quelque cir-*

constance ayant accompagné l'acte administratif, mais détachable
*de cet acte, suivant l'expression consacrée par le Tribunal des
conflits, où apparaît l'homme avec ses passions humaines.*

3° La faute que la faillibilité humaine fait commettre à l'Agent
qui s'est conformé à la diligence moyenne du Service, que le
Droit Administratif ne désigne pas d'un nom particulier et qui
sera appelée par nous, *faute professionnelle.*

Ces données sont absolument claires et précises, et il est de
pur Droit Administratif, que, seule, la *faute personnelle, que l'in-
dividu lésé doit prouver, peut rendre le Géomètre pécuniairement
responsable.*

C'est la théorie appliquée dans tous les Services autres que
celui du Cadastre, dans les Services Civils, dans les Services
des Douanes, dans les Services des Travaux Publics. Combien
d'erreurs ont été commises par ce dernier Service et autrement préjudiciables que celles commises par les Agents du
Cadastre, C'est par millions que se comptent les réparations aux-
quelles elles ont donné lieu, et nous ne connaissons pas de cas
où la responsabilité pécuniaire de l'Agent qui avait commis
l'erreur, ait été directement engagée. L'erreur commise, on a
licencié l'auteur si la négligence était par trop évidente, et l'on
a recommencé les travaux aux frais de l'Administration. Ce
n'était que l'application pure et simple des principes que nous
avons posés,

Serait-il indiscret de demander sur quoi serait basée cette
" *deminutio capitis* " dont veut nous frapper le Chef de notre
service ?

Arguments de faits.

Décidés à faire la lumière complète, nous irons plus loin, et
faisant abstraction ici des données juridiques exposées, nous
essaierons de démontrer que le Géomètre ne peut éviter les
erreurs ; que, si après la vérification ou acceptation des plans
et procès-verbaux de bornage par le Service du Cadastre, il y
a des erreurs qui subsistent, c'est, ou qu'elles sont inévitables,
ou bien que les personnalités autres que les Géomètres, qui concourent à l'établissement définitif de ces documents n'ont pas
rempli leurs devoirs, ou que leurs opérations ont été mal or-
ganisées.

Le Géomètre, chargé du parcellaire d'un village, procède à des
opérations administratives et à des opérations techniques.

Mais les opérations qu'il exécute personnellement ne constituent nullement, à elles seules, les données finales (Plan, Procès-verbal de bornage et Tableau indicatif) qui seront livrées au Cadastre. Plusieurs personnalités interviennent dans la rédaction de ces divers documents, soit qu'elles apportent les éléments de base indispensables, soit qu'elles les enregistrent, soit qu'elles les contrôlent. Et il semblerait vraiment contre toute équité de ne point faire la part de chacune d'elles, aussi bien dans l'éloge que dans la responsabilité.

A). — Opérations administratives.

Le but final des opérations administratives exécutées sous la haute direction du Chef de province, c'est l'établissement du procès-verbal de bornage. Ce document qui, en définitive, contiendra les résultats, ne représente qu'une fusion des renseignements donnés par les indigènes et des indications trouvées sur les titres de propriété et le Dia-Bô. Cette fusion est opérée d'abord par la *Commission de bornage*, reprise, revue et rectifiée par une Commission administrative.

On conviendra que, faute d'indications indispensables, toute opération provisoire ou finale sera nécessairement viciée, quelles que soient d'ailleurs la diligence et la dextérité des opérateurs successifs.

Où trouver ces indications indispensables ?

Il faut d'abord renoncer à toute certitude de les trouver dans le Dia-Bô ou dans les titres de propriété.

L'expérience a montré depuis longtemps que le Dia-Bô est souvent incomplet ; que les indications qu'il contient sont généralement vagues, souvent erronées, quelquefois volontairement faussées.

Les actes de vente se ressentent de l'incapacité notoire de ceux qui les rédigent et ne contiennent d'ailleurs, le plus souvent, que les indications figurant au Dia-bô.

L'Administration, depuis quelque temps seulement, a essayé de mettre entre les mains du Président de la Commission de Bornage, les armes nécessaires pour arracher à l'apathie et à l'insouciance des indigènes, qui seuls les possèdent, les indications indispensables.

Envisagés théoriquement, les divers moyens indiqués peuvent permettre d'escompter les résultats espérés : On a décoré le

Président de la Commission de bornage du titre pompeux de Délégué de l'Administrateur ; on lui a donné pouvoir pour lancer des convocations, pour traduire devant les Tribunaux judiciaires les individus qui ne se seront pas rendus à son appel.

Voudriez-vous permettre, Monsieur le Gouverneur, à des praticiens instruits par les faits de chaque jour, de vous demander de quitter pour un instant le domaine de la théorie, pour les suivre dans le domaine de la réalité ? Ils vous montreront, si vous acceptez cette proposition, que l'autorité et le prestige que l'on a cru attachés à leur titre, s'écroulent piteusement dans l'accomplissement de travaux qui, aux yeux des indigènes, les ravalent au niveau de simples coolies ; qu'une traduction devant les tribunaux aura pour effet immédiat de dresser contre eux l'hostilité de toute une population, vengeant l'atteinte portée à sa tranquillité en donnant les indications les plus fantaisistes ; opposant la force d'inertie à toute réquisition de coolies ; affamant le Géomètre, si faire se peut ; allant quelquefois jusqu'à la lettre anonyme calomnieuse, trop souvent prise en considération.

C'est l'indécision forcée de l'Administrateur et du Tribunal devant des données contradictoires ; c'est leur mécontentement certain à bref délai ; et il ne reste plus au Président de la Commission de Bornage que le choix entre une attitude ferme qui peut le conduire aux pires déboires ou à une exécution des opérations dans le possible réel et non théorique, qui seule lui permettra de couvrir une retraite honorable.

Une opération si bien étudiée soit-elle, risque fort de ne pas atteindre son but, si elle n'a été organisée en tenant compte du milieu spécial où elle doit s'exécuter, de l'autorité réelle et des capacités des agents chargés de cette exécution. Et à ce point de vue, nous nous demandons si ce fut une heureuse innovation que celle qui consista à débarrasser les Chefs de province du souci d'une Commission de bornage ; qui les fit remplacer dans ces fonctions, par des Géomètres sans autorité réelle, dénués des connaissances professionnelles qu'exige une opération pour laquelle, dans tous les autres pays, seuls, un Administrateur ou un Juge ont paru qualifiés.

Enfin, il serait peut-être juste de vouloir bien remarquer que, dans la limite de ses attributions, la Commission de bornage reste une simple machine à enregistrer. Elle joue, vis-à-vis de la Commission administrative, le rôle de rapporteur, prend note des indications données. constate des faits, signale des divergences. La Commission administrative n'est pas seulement une Chambre d'Appel des opérations de la Commission de bornage : Elle est chargée de les étudier, de contrôler toutes les indications données par les propriétaires en les entendant à nouveau, de collationner les titres de propriété avec le Dia-bô et les indications portées par la Commission de bornage, de solutionner toutes les difficultés relatives à l'application des titres aux parcelles qu'ils désignent, de faire rectifier plan et procès-verbal suivant les indications qu'elle croit juste de donner. C'est, en définitive, à elle seule qu'appartient la décision soumise à l'approbation de M. le Gouverneur, et ce fait mérite au plus haut point de ne pas être oublié.

Pourquoi vouloir alors nécessairement que l'erreur que contient cette décision soit imputable au Géomètre? Si ce dernier l'a d'abord commise et qu'à son tour la Commission administrative y soit tombée, n'a-t-on pas la preuve qu'elle a été irévitable ? A moins de supposer que cette Commission administrative ait volontairement ou involontairement mal rempli son devoir; et, dans ce cas encore, la responsabilité du Géomètre doit être écartée.

Cette dernière hypothèse peut, à première vue, paraître invraisemblable. Elle n'est souvent que trop réelle. Nous manifesterons la plus grande surprise de voir, dans le cas que nous avons exposé au début, que l'Administrateur chef de province ait affirmé la responsabilité du Géomètre avant d'avoir mis hors de cause la responsabilité possible de la Commission administrative. Nous ne savons exactement ce qui s'est passé en la circonstance ; mais voici ce qui a lieu dans la plupart des cas :

Le Chef de province, retenu par ses nombreuses occupations, confie ordinairement la Présidence de la Commission administrative à un Délégué. C'était autrefois l'Administrateur-adjoint qui était le plus souvent choisi. Depuis qu'on a supprimé à ces fonctionnaires des indemnités de déplacement, qui étaient certes bien gagnées, ils ne font plus que très rarement ce travail de première importance, et qui est, avouons-le, peu agréable à exécuter. Simple coïncidence sans doute: nous nous bornons, quant à nous, à enregistrer.

Et alors nous assistons à ce spectacle tout au moins curieux:

un commis venu de France, n'ayant pas encore un an de Colonie, ne connaissant ni les usages, ni les mœurs indigènes, n'ayant jamais vu de Dia-bô ni de titres de propriété, chargé, tout d'un coup, de relever les erreurs dues à l'inexpérience ou au manque de connaissance de la Commission de Bornage; chargé de collationner les titres de propriété avec le Dia-bô et les indications portées au procès-verbal; chargé de solutionner toutes les difficultés relatives à l'application des titres de propriété, etc., etc.

Quelquefois, le tableau change, et c'est un vieux serviteur, miné par la maladie, d'une fatigue telle que l'on n'ose même plus lui confier au bureau un travail ordinaire, que l'on choisit cependant pour ces travaux dans lesquels nos meilleurs administrateurs, après examen des plus sérieux, ont commis eux-mêmes des erreurs.

Des faits précis, nous direz-vous ? Mais ils sont légion. Voici le dernier en date à notre connaissance : Dans une province, on a confié, il n'y a pas très longtemps, à un Elève-Géomètre, devenu Géomètre depuis, la direction des opérations d'une Commission de Bornage. C'était dans un village où une application très difficile des titres de propriété avait suscité de multiples procès devant le Tribunal du chef-lieu. Il aurait fallu là toute l'habileté consommée d'un vieil Administrateur rompu à ce genre particulier de travaux pour débrouiller l'écheveau inextricable qui se présentait dans la circonstance devant la Commission administrative. On a confié les fonctions de Président à un fonctionnaire très respectable sans doute, mais à qui de longues années de maladie avaient certainement enlevé la lucidité requise pour un travail aussi délicat. Résultat : tout sera à recommencer.

Un scrupule qui sera compris nous oblige à taire ici les noms, que nous tenons d'ailleurs à votre disposition si vous désirez les connaître. Mais l'équité nous oblige à signaler qu'il s'est rencontré des Administrateurs à hauteur de leur tâche, et qui ont rempli ces mêmes fonctions avec un zèle et un dévouement admirables. Dans ce nombre, nous en citerons un, afin de vous indiquer où trouver des renseignements *non pas théoriques*, mais *déduit d'une longue expérience :* C'est M. L'., Administrateur à C....

Interrogé, il pourra vous dire si nous sommes dans le vrai, lorsque nous affirmons que le Géomètre n'a pas l'autorité nécessaire pour se procurer les ranseignements indispensables ; il vous dira le travail considérable que demande une rédaction simplement consciencieuse d'un procès-verbal de bornage : les difficultés qu'il a eues, lui, Administrateur, de faire venir les propriétaires, et l'échec qu'il a souvent subi ; les longues heures passées après fermeture des bureaux à essayer de se reconnaître dans l'imbroglio des indications des propriétaires, des titres de propriété et des Dia-Bô ; il vous dira si des Commis inexpérimentés ou des fonctionnaires fatigués sont aptes à exécuter ces travaux délicats ; il vous dira enfin si les seuls responsab'es des erreurs qui subsistent ne sont pas ceux qui sont lésés eux-mêmes, ces propriétaires qui, non contents de ne pas fournir au Géomètre les indications essentielles, ne daignent même pas se déranger pendant les deux mois qui suivent la vérification technique du plan, pour contrôler de leurs yeux si les ta-diên ou leurs voisins ont exactement renseigné le Géomètre. Ils n'ont plus à craindre cependant de patauger dans la vase, puisque les document₁ à consulter se trouvent au chef-lieu.

B). — Opérations techniques.

Il est à peine besoin de rappeler que les opérations techniques s'effectuent sous la direction du Service du Cadastre. " Direction " est même ici un mot trop vague, et, c'est le mot *tutelle* qui semble seul convenir à la situation. Choix des instruments, méthodes de travail, tenue des carnets, ordre et succession des travaux, tout a été minutieusement réglementé.

Pour saisir la portée exacte de cette réglementation, il est utile de bien préciser que, seul, un contrôle exécuté par des opérateurs différents, peut éliminer sinon toutes, du moins une très grande partie des erreurs, qu'un premier opérateur, si habile et si consciencieux soit-il, peut toujours commettre.

Ce contrôle existe au Cadastre. Il est très serré et, bien à tort peut-être, semble avoir été considéré comme infaillible. Il s'exerce d'abord au bureau sur toutes les données mathématiques et sur les plans livrés par le Géomètre. De plus, des vérificateurs se rendent sur les lieux pour contrôler les opérations qui échappent au contrôle du bureau.

Du jour où ce mécanisme spécial rentre en fonctions, nous rectifions sans cesse, ramenant des données obtenues avec des méthodes de haute précision à des données dérivant d'opérations expédiées, ou tout au moins obtenues avec des méthodes d'une précision moindre, inclinant quelquefois une certitude mathématique devant une opinion formulée. C'est que le paiement est en jeu, et mieux vaut encore, ici, une correction que l'on sait inexacte, que les ennuis d'une contre-vérification qui a pour effet immédiat de nous priver du remboursement de l'argent avancé.

Quoiqu'il en soit, le plan, rectifié suivant les données du contrôle devient le plan de la vérification, et, si les erreurs subsistent encore, c'est qu'elles sont inévitables ou que la vérification a été mal organisée. Dans tous les cas, on ne voit pas comment le Géomètre pourrait être inquiété,

MONSIEUR LE GOUVERNEUR,

Nous avons, dans l'exposé qui précède, examiné la responsabilité pécuniaire du Géomètre aux lumières des principes juridiques ; nous l'avons examinée à la lumière des faits et des principes d'équité. Voulant qu'aucun doute ne subsiste dans votre esprit, nous avons été presque jusqu'à rechercher les vrais responsables des erreurs commises. Nous sommes à votre entière disposition pour étayer de faits réels et contrôlables, d'arguments juridiques ou scientifiques toutes les opinions simplement formulées.

En définitive, le Géomètre ne nous a paru pouvoir être rendu pécuniairement responsable que pour faute personnelle de sa part, et faute que la partie lésée aura préalablement prouvée.

L'Amicale du Cadastre, soucieuse de la bonne tenue de ses adhérents, ne réclamera jamais la moindre indulgence pour les *fautes personnelles* dont ils se seront rendus coupables. Mais, gardienne vigilante de leurs droits, elle revendique pour eux l'application des règles qui concernent les fonctionnaires, et plus particulièrement aujourd'hui, les règles se rapportant à leur responsabilité pécuniaire.

Elle proteste respectueusement, mais énergiquement, contre le rôle de bouc émissaire, qu'en la circonstance, on veut faire jouer au Géomètre.

LE COMITÉ.

Complément de l'étude du 14 Avril 1914 sur la responsabilité pécuniaire des Géomètres du Cadastre

présenté par le
Comité de l'Amicale du Cadastre de Cochinchine.

Saigon, le 28 Mai 1914.

Le Comité de l'Amicale du Cadastre, *à Monsieur le Gouverneur de la Cochinchine*, Saigon.

Monsieur le Gouverneur,

Certains de nos adhérents ont exprimé le désir de nous voir exposer avec quelque développement les règles de Droit administratif concernant la responsabilité pécuniaire des Géomètres.

Dans une première étude, que nous avons eu l'honneur de vous soumettre, nous avons été, intentionnellement, très brefs sur ce point. Nous nous sommes simplement contentés de rappeler les principes généraux applicables, persuadés que leur simple énonciation suffirait pour préciser exactement notre situation.

On nous a fait remarquer que plusieurs théories existaient sur cette matière : que les auteurs ne paraissaient pas être d'accord sur le fondement à donner aux règles énoncées ; qu'il serait, peut-être, de quelque utilité, pour éviter toute perte de temps, et même des erreurs d'interprétation, de dégager et d'exposer la doctrine sanctionnée par la Jurisprudence du Conseil d'Etat, la seule nécessaire à connaître dans la circonstance.

Vu l'importance des faits, nous avons estimé que tout effort, pour apporter la clarté, serait, sans doute, jugé digne d'intérêt ; et nous avons compté sur votre esprit de bienveillance et d'équité, Monsieur le Gouverneur, pour espérer que serait accueillie, puis examinée, l'argumentation toute juridique qui a servi d'assise à notre conviction.

Avant tout, il nous a paru indispensable de situer la question dans le domaine auquel elle appartient ; et, dans cet ordre d'idées, de préciser la condition juridique du Géomètre d'après les différents travaux qu'il exécute ; de préciser aussi la nature du travail spécial exécuté.

Bien placés pour connaître exactement la nature de travaux
qui sont la cause de préjudices et les agents qui ont exécuté
ces travaux, nous classerons les préjudices suivant les causes
qui les ont produits et, abordant la question réparation qui
s'impose, nous dirons à qui incombe cette réparation d'après
la Jurisprudence du Conseil d'Etat.

I.— Position exacte de la question

*I. — Condition juridique du Géomètre du Cadastre de
Cochinchine.*—Il semble exister en Cochinchine une tendance à
considérer le Géomètre du Cadastre comme doué d'une personnalité juridique différente, et *par conséquent jouissant de garanties
et de droits différents,* selon qu'il exécute des opérations de
Commission de bornage ou des travaux techniques. Et si la chose
n'a jamais été officiellement proclamée, nombre de particula-
rités de nos règlements nous donnent l'impression très nette
que la direction du Cadastre adopterait volontiers la théorie de
Duguit et Jeze, sous le couvert de laquelle elle pourrait nous
considérer tantôt comme *fonctionnaires publics* et tantôt comme
employés avec des droits très différents.

Le Conseil d'Etat s'est prononcé sur cette question contro-
versée : non qu'il ait examiné le bien fondé de cette classification ou d'autres du même genre, qui peuvent avoir le mérite de
grouper les fonctionnaires suivant leurs attributions, mais,
en spécifiant expressément que tous les agents de l'Etat, des
Départements, des Communes et des Colonies, qu'ils soient
agents d'autorité ou agents de gestion suivant la classification
Berthilemy, fonctionnaires publics ou employés suivant la
classification Duguit et Jeze, *ont tous une même condition juridique.* Ils sont tous régis par les principes de Droit Administratif
établis pour les fonctionnaires, sont soumis à leurs obligations,
jouissent de leurs droits et garanties, à moins que des textes
législatifs spéciaux en aient décidé autrement.

Le Géomètre du Cadastre effectuant des travaux de Commission de bornage ou des travaux techniques, fait, dans les deux
cas, des actes de fonctionnaires. La responsabilité qu'il peut
encourir, du fait de ces actes, est déterminée par le Droit administratif, aucune loi n'étant venue lui enlever les garanties ou
les droits des fonctionnaires en cette circonstance.

2.— Nature des travaux exécutés par le Géomètre du Cadas-tre de Cochinchine. — Les travaux de cadastrage des terres de Cochinchine qui comprennent la délimitation du domaine public et du domaine privé de la Colonie, ainsi que la délimitation des propriétés des particuliers, sont des travaux d'utilité publique exécutés en régie par l'Administration elle-même. Les préjudices qui peuvent résulter de ces sortes de travaux sont des préjudices occasionnés dans la gestion des administrations et dans l'exécution de leurs opérations. Ce sont des préjudices causés par une entreprise collective douée de personnalité juridique. La responsabilité pécuniaire à raison de ces préjudices sera donc établie suivant les règles posées en ce cas par le Droit administratif.

En résumé, dans cette question où nous allons rechercher à qui incombe la *réparation pécuniaire* d'un préjudice, nous estimons qu'il est indispensable d'observer :

Que le préjudice est causé par des travaux exécutés, non par des particuliers ou des collectivités privées, mais par une Administration publique ;

Que le fait matériel, résultat d'une faute et cause d'un préjudice, émane bien entendu d'un agent, mais que cet agent s'il n'est pas sorti de la ligne de sa fonction, se trouve dans une condition juridique spéciale, celle que le Droit administratif a reconnue aux fonctionnaires. (*Voir ce que dit à ce sujet M. Hauriou au paragraphe* : '' Dommage causé par faute de service ''.).

II. — Préjudices qui peuvent être causés dans l'exécution des travaux des Géomètres.

Nous distinguerons trois sortes de préjudices suivant les causes d'ou ils dérivent :

1° Le préjudice dérivant d'une erreur imputable à la faillibilité humaine. C'est l'erreur que peut commettre tout fonctionnaire exécutant son travail avec la diligence moyenne dont se contente une bonne administration appréciée *in concreto*. Cette erreur peut occasionner des préjudices dont la réparation sera obtenue suivant les règles du Droit Administratif concernant le « dommage occasionné sans faute » ;

2° Le préjudice dérivant d'une *faute de service*. Et nous rappelons les caractéristiques de la *faute de service* qui comprend :

« Les négligences, les omissions, les erreurs, les maladresses
« que l'agent aurait év.tées s'il s'était conformé à la diligence
« moyenne du Service, et qui en même temps ne dénotent pas
« de sa part un *fait personnel* » (Hauriou). La faute de Service
peut occasionner des préjudices dont la réparation sera obtenue
suivant les règles de Droit Administratif concernant le « dommage causé par faute de service »;

3° Enfin, le préjudice dérivant d'une *faute personnelle* du
Géomètre.

Et nous rappelons encore que la *faute personnelle* est celle
qui découle d'un *fait personnel*: « faute lourde qui confine au dol,
consistant en quelque circonstance ayant accompagné l'acte
administratif, mais *détachable* de cet acte suivant « l'expression
« consacrée par le Tribunal des Conflits, où apparaît l'homme
« avec ses passions humaines ». (Hauriou).

« Pour employer l'expression si caractéristique de nos vieux
« auteurs, la *faute personnelle* est celle qui implique la *mauvaiseté* de l'agent ».(*Conclusions de M. G. Teissier, affaire Feutry*, 29 Février 1908 — D. P. 1908 3-49).

La faute personnelle peut occasionner des préjudices dont la
réparation sera obtenue suivant les règles de Droit Administratif
concernant le « dommage causé par faute personnelle. »

III. — Réparation des préjudices causés dans l'exécution des travaux des Géomètres du Cadastre.

1° *Dommage causé sans faute* — A) — *Hypothèse* — Les divers agents qui concourent à la rédaction définitive du procès-verbal de bornage ou à la confection du plan, ont tous fait leur
devoir. Il subsiste cependant une erreur dommageable. Supposons qu'elle soit d'ordre technique et qu'il soit bien établi
qu'elle a été commise par le Géomètre. Il reste bien entendu
que les éléments constituant une faute font complètement défaut,
que le Géomètre a exécuté les opérations avec la diligence
moyenne du Service et que l'erreur provient de sa seule faillibilité. Il n'y a pas faute au sens strict du mot, mais il y a préjudice et l'équité commande de le réparer.

B) — *Question qui se pose.* — Qui supportera le poids de la
réparation?

C) — *Réponse jurisprudentielle.* — *C'est l'Administration qui est seule pécuniairement responsable du dommage causé sans faute.*

D) — *Explication de cette règle.* — Si tous les auteurs sont unanimes à proclamer la justesse du principe, ils ne sont pas tous d'accord sur la base juridique qu'il convient de lui donner. Nous laisserons M. Hauriou nous expliquer lui-même la théorie qu'il applique dans les cas similaires à celui que nous avons posé.

« Il y a obligation pour l'Administration à indemnité, parce que « ce dommage, causé, sans faute, implique un enrichissement « sans cause du patrimoine administratif.

« L'enrichissement sans cause du patrimoine administratif « dans cette hypothèse, consiste en une *moindre dépense* que « celle que l'Administration eût été obligée de faire pour éviter « tout dommage : c'est un enrichissement en *moins dépensant.*

« *Théoriquement*, c'est-à-dire si l'on ne tient compte d'aucu- « ne des nécessités qui pèsent sur l'Administration et principa- « lement de la nécessité d'économiser les deniers publics, le « dommage serait évitable. Mais on ne peut raisonner *in abs-* « *tracto*, d'après une Administration qui serait d'une richesse « illimitée. Il faut raisonner *in concreto* d'après le type réel de « la bonne Administration, ménagère des deniers publics. Il n'y « a pas faute, bien que le dommage fût, peut-être, théoriquement « évitable si, pratiquement, c'est-à-dire d'après la bonne admi- « nistration appréciée *in concreto*, il apparaît comme ayant été « pratiquement inévitable.

« Mais du fait qu'on peut démontrer, par le raisonnement « qu'en dépensant davantage, l'Administration aurait pu l'éviter, « il est, par là même, établi que l'Administration s'est enrichie « en *moins dépensant*, et cet enrichissement sans cause du « patrimoine entraîne obligation pour elle à réparation.»

On conviendra, pensons-nous, que la théorie de Haurion ren- contrera rarement un cas d'application plus caractéristique que celui qui nous occupe.

D'une part, le Géomètre, n'ayant pas commis de faute, ne sau- rait être obligé à réparation.

D'autre part :

Théoriquement, l'erreur, faite par le Géomètre et cause du préjudice, aurait pu être évitée. Il aurait fallu que l'Administra- tion fasse exécuter les mêmes opérations techniques par deux

Géomètres différents. La comparaison des deux données aurait infailliblement révélé l'erreur existante.

Pratiquement, il a pu paraître, de bonne administration ménagère de ses deniers, de ne pas organiser les travaux suivant cette méthode employée cependant ailleurs, et de se contenter d'une vérification moins coûteuse, mais ne donnant certes pas d'aussi bons résultats.

Il ne nous appartient pas d'apprécier cette méthode d'organisation. Il nous suffit de savoir que l'erreur commise aurait pu être évitée ; qu'en ne prenant pas les moyens voulus pour ce faire, l'Administration s'est enrichie en *moins dépensant*, et que, de ce fait, et bien qu'il n'y ait pas peut-être faute au sens strict du mot, l'Administration, *seule bénéficiaire*, est seule obligée à réparation.

2· — *Dommages causés par faute de service.*— A).— *Hypothèse.*— Il existe sur un plan (en Procès-verbal de bornage) une erreur dommageable, provenant d'une omission. négligence, maladresse du Géomètre, mais ne dénotant pas un fait personnel, erreur due en définitive à une *faute de service*.

B) – *Question qui se pose.* — Qui supportera le poids de la réparation ?

C) — *Réponse jurisprudentielle.*— C'est l'**Administration** qui est seule *responsable pécuniairement* des préjudices causés par la *faute de service* commise par ses agents.

D) — *Explication.*   C'est encore M. Hauriou qui va nous expliquer pourquoi l'agent qui a commis la faute n'est pas pécuniairement responsable ; pourquoi aussi la responsabilité de l'Administration et celle de son agent ne sont pas cumulables.

« D'après la théorie classique suivie par la *jurisprudence*
« *civile*, une entreprise collective douée de personnalité juridique
« — les Administrations publiques ne sont pas autre chose —
« se décompose, au point de vue de la responsabilité pour faute,
« en deux éléments : la personne juridique qui joue le rôle de
« commettant, c'est-à-dire la personne morale, et les agents
« qui jouent le rôle de préposés. Le fait matériel, résultat d'une
« faute et cause d'un préjudice, émane bien entendu toujours
« d'un agent ; *l'agent est personnellement responsable, mais le*
« *commettant, c'est-à-dire la personne morale est solidairement*
« *responsable avec lui,* de telle sorte que les deux responsabi-
« lités se cumulent. On applique ainsi aux entreprises collec-

« tives la solution de l'article 1384 du Code civil, établie indis-
« cutablement en vue de maîtres ou commettants simples in-
« dividus.

« *Le Droit Administratif n'a pas admis l'extension de cette
« théorie individualiste à la responsabilité des collectivités
« administratives.* Au lieu d'analyser ces collectivités en des
« personnes morales qui joueraient le rôle des commettants et
« des agents qui seraient les mandataires ou préposés de ces
« personnes morales par la donnée du mandat, il a adopté bien
« instinctivement et sans que jamais la jurisprudence ou la
« doctrine ne soient expliquées sur ce point, la théorie dite
« *organiciste* ou *organique.* Voici les traits principaux de cette
« théorie : Il n'y a dans l'organisation des administrations pu-
« bliques, pas plus d'ailleurs que dans celle de toutes autres
« personnes morales véritablement incorporées, des relations
« de mandats. Les agents ne sont ni des mandataires ni des
« préposés : ils sont des organes. Ils sont *tous des organes, aussi
« bien les agents d'exécution ou ceux de préparation que les
« agents de décision* ; aussi bien les agents *subalternes* pourvu
« qu'ils soient commissionnés, c'est-à-dire munis d'un emploi
« véritable, que les agents *haut placés ; toutes les distinctions
« qu'on a voulu faire à ce point de vue sont vaines.* Elles peu-
« vent avoir un intérêt dans la théorie des *décisions exécutoires :
« les statuts peuvent décider que certains agents appelés or-
« ganes ou autorités administratives, auront seuls qualité pour
« engager la personne morale par leurs *décisions exécutoires.*
« *Mais dans les cas des quasidélits* (hypothèse dans laquelle se
« trouvent les géomètres ayant causé un préjudice par faute de
« service), *tous les agents sont des organes et engagent direc-
« tement la personne morale dans la limite de leurs fonctions.*
« En effet, étant des organes, ils ne font qu'un avec la personne
« morale quand ils agissent dans la ligne de leur fonction, et
« par conséquent, s'ils causent un préjudice par une faute qui
« puisse être considérée comme incluse dans la limite de la
« fonction, il ne saurait y avoir deux responsables, il ne saurait
« y en avoir qu'un, la personne morale, puisqu'il n'y a qu'une
« volonté, celle de la personne morale.

« Au contraire, si les agents, bien que matériellement en fonc-
« tion, ont commis une faute *tellement lourde ou tellement
« inspirée par la mauvaise intention* qu'elle ne puisse être

« considérée comme incluse dans les *limites psychologiques* de
« la fonction, alors ils cessent d'être des organes de la personne
« morale, ils doivent être personnellement responsables de leur
« *fait personnel.*»

Et M. Hauriou poursuit cette étude, serrant le raisonnement,
expliquant comment la jurisprudence administrative est arrivée
à cette construction, qui découle si logiquement de la théorie
des personnes morales. Et il arrive enfin à préciser les caractéristiques de la *faute de service et de la faute personnelle* dans
les termes déjà cités.

Nous ajouterons simplement ici la remarque qu'il fait sur
diligence moyenne du service à propos de la *faute de service.*

« Notons d'ailleurs que la diligence des services publics, et
« par conséquent la faute de service, ne s'apprécient pas forcé-
« ment d'après les habitudes de chaque service, mais qu'il s'é-
« tablira plutôt un type uniforme de faute de service applicable
« à tous les services, et même à l'Administration quotidienne
« des autorités administratives ».

C'est l'impossibilité de tout détour pour échapper aux principes posés.

3° *Dommage causé par faute personnelle.* — Nous avons exposé
au Chapitre II, paragraphe 3, ce qu'il faut entendre par faute personnelle. Dans ce cas particulier, le Géomètre, auteur de la faute,
est pécuniairement responsable. Il est permis d'espérer que cette
faute n'existera que très rarement. Mais dans cette hypothèse,
ce n'est pas l'Administration qui semble pouvoir ordonner réparation, mais seule les Tribunaux judiciaires, exclusivement com-
pétents pour établir la faute d'abord, et condamner ensuite.

Et ceci nous amène naturellement à examiner si un Chef de Service peut, de sa propre autorité, aurait-il les meilleures raisons
de croire à l'existence d'une faute personnelle, exiger des réparations, en somme pécuniaire, de la part d'un de ses agents ?

La raison se refuse à croire que des pouvoirs si exorbitants
puissent être confiés à un seul homme, que ses fonctions peuvent rendre, en la circonstance, juge et partie.

Les principes juridiques de Droit Civil sont en contradiction
formelle avec une telle théorie et nous savons que personne ne
peut être condamné à réparation pécuniaire sans un jugement
rendu par une juridiction compétente.

Mais le Droit Administratif n'aurait-il pas donné ce pouvoir à
l'Administration vis-à-vis de ses agents ?

Après étude sérieuse, nous sommes convaincus que, sauf le cas de l'existence d'un texte légistatif formel lui donnant ce droit, il faut répondre : NON. L'Administration a sur ses agents un pouvoir hiérarchique et un pouvoir disciplinaire. Elle dispose de l'avancement pour stimuler et récompenser leur zèle ; elle dispose, pour réprimer les écarts de conduite des fonctionnaires, des peines disciplinaires qui vont de la réprimande à la révocation en passant par de nombreux degrés intermédiaires. Nulle part, nous n'avons vu que l'Administration puisse, sans texte législatif et sans jugement rendu par une juridiction compétente, obliger ses agents à réparation pécuniaire pour *faute personnelle*. Dans ce cas, l'agent doit être déféré aux *Tribunaux judiciaires* (qui seuls ont qualité pour établir la *faute personnelle (la faute de service relève des juridictions administratives* et condamner à réparation. C'est ce qui vient de se passer à Baclieu où un fonctionnaire, accusé de *faute personnelle*, a été mis en disponibilité par l'Administration et déféré au Tribunal du chef-lieu. Et devant la connaissance que nous avons de cette affaire de Baclieu, d'une part ; et, d'autre part, devant la décision prise par le Chef du Cadastre, à propos de faute reprochée à un de nos adhérents, nous nous demandons, avec anxiété, si l'Administration se refusera à accorder à des fonctionnaires français les garanties qu'elle a accordées à un fonctionnaire indigène.

Faisant une application rigoureuse des principes juridiques, nous arrivons aujourd'hui à la même conclusion que nous avaient déjà imposée des arguments de faits.

Le Géomètre du Cadastre de Cochinchine, qu'il s'agisse de travaux de Commission de Bornage ou de travaux techniques, ne peut être rendu pécuniairement responsable que pour *faute personnelle*. Encore faut-il que cette *faute personnelle* soit établie par des Tribunaux judiciaires à qui il appartient de condamner à réparation.

Confiants en votre esprit de bienveillance et d'équité, Monsieur le Gouverneur, nous osons espérer un examen de la présente étude. Si des objections étaient formulées, nous exprimons le sentiment que nous serions heureux de les connaître.

LE COMITÉ.